INSTRUC

SUR LE SER

QUE LES

REGIMENS DE CAVALERIE

DEVRONT FAIRE

DANS LES

CAMPS QUI S'ASSEMBLERONT

pendant la préfente année 1755.

Du 22 Juin 1755.

A PARIS,

DE L'IMPRIMERIE ROYALE.

M. DCCLV.

TABLE

Des Titres contenus dans l'Inſtruction du 22
juin 1755, ſur le ſervice que les régimens
de Cavalerie devront faire dans les Camps
qui s'aſſembleront pendant la préſente année
1755.

INSTRUCTION

INSTRUCTION

Sur le service que les Régimens de Cavalerie devront faire dans les Camps qui s'assembleront pendant la présente année 1755.

Du 22 Juin 1755.

DU CAMPEMENT.

ARTICLE PREMIER.

LES Meſtre-de-camps des régimens qui ont eu ordre de ſe tenir prêts à camper, auront ſoin qu'ils ſoient pourvûs de tout ce qui eſt néceſſaire à cet effet.

II.

IL y aura ſix tentes égales par compagnie; ſavoir, une pour le Maréchal-des-logis, & cinq pour les Cavaliers, à raiſon de ſix hommes par chambrée.

III.

LES chambrées ſeront compoſées d'anciens & de nouveaux Cavaliers.

IV.

CHAQUE chambrée ſera pourvûe d'une marmite,

Marmites
& outils.

A

d'une gamelle, d'un barril, d'une pelle, d'une pioche, d'une hache & d'une ferpe.

V.

Manteau d'armes. IL y aura un manteau d'armes par régiment, pour couvrir les armes des Cavaliers de la garde des étendards.

V I.

Cordeaux & fiches. IL y aura un cordeau par efcadron, de cinquante-fix pas de longueur, pour marquer le front du camp, & un autre de trente-fix pas, pour en marquer la profondeur : ces cordeaux feront divifés par toifes & demi-toifes.

Il y aura auffi par compagnie deux fiches blanches de fept pieds de haut, ferrées par un bout, & ayant à l'autre une bande-role des mêmes couleurs du galon affecté à chaque régiment.

V I I.

Avis de l'arrivée. QUAND le régiment arrivera dans le lieu le plus à portée de celui où il devra camper, celui qui le comman-dera donnera avis de fon arrivée au Commandant du camp, & à l'Intendant.

V I I I.

Détachement pour aller mar-quer le camp. LE Commandant du régiment fera partir à l'avance pour aller au campement, un Officier major avec un Maréchal-des-logis par efcadron, un Brigadier & un Cava-lier par compagnie.

I X.

LES Maréchaux-des-logis feront munis des cordeaux, & les Brigadiers des fiches ci-deffus indiqués.

X.

AUCUN autre que les Officiers, Maréchaux-des-logis, Brigadiers & Cavaliers, commandés pour le campement, n'y marchera avec eux, à moins d'un ordre contraire.

X I.

Diftribution du terrein. QUAND l'alignement du camp aura été réglé fur des points de vûe donnés, l'aîle droite ou l'aîle gauche de Cavalerie (felon le côté par lequel on devra commencer) marquera fon camp; & quand l'Infanterie aura marqué le fien, l'autre aîle continuera de même, laiffant cinquante pas d'intervalle entre le camp de l'Infanterie & le fien.

X I I.

LE Maréchal-général-des-logis de la Cavalerie diftribuera aux Majors des brigades de ce corps, le terrein qui
lui aura été défigné; & ceux-ci le diftribueront à chaque
régiment & efcadron.

X I I I.

LES Majors de l'aîle de la Cavalerie qui marquera
fon camp la dernière, fuivront l'alignement de l'Infanterie,
à moins qu'il n'eût été ordonné de faire un coude.

X I V.

LES Camps des efcadrons d'un même régiment ou
d'une même brigade, feront marqués dans le même ordre
qu'ils devront être en bataille.

X V.

ON laiffera fix pas d'intervalle entre le camp de chaque *Intervalles.*
régiment, & trente pas d'une brigade à l'autre.

X V I.

LORSQUE le cordeau du front du camp de l'efca- *Place des tentes*
dron aura été tendu, on marquera la place de la fourche *des Cavaliers.*
des premières tentes de chaque compagnie, de manière
que les tentes des deux compagnies du centre de l'efcadron qui feront adoffées, occupent onze pas ou trente-
trois pieds, y compris la ruelle pour l'écoulement des eaux,
& qu'il y ait dix-huit pas ou cinquante-quatre pieds entre
les tentes des compagnies qui fe feront face.

X V I I.

LE cordeau qui devra marquer la profondeur du camp,
fera placé perpendiculairement à celui du front, fur
l'alignement que la première compagnie devra former,
auquel les autres compagnies fe conformeront.

X V I I I.

ON laiffera fept pas ou vingt-un pieds entre les
fourches des tentes de chaque compagnie.

X I X.

LES piquets des chevaux feront plantés trois pas en *Place des*
avant des fourches des tentes: le premier fera mis vis-à-vis *piquets des*
de celle de la tente du Maréchal-des-logis; & on laiffera *chevaux.*

A ij

un intervalle entre les chevaux de chaque chambrée, pour le paſſage des Cavaliers.

X X.

Place des fourrages.

L'ON mettra les fourrages dans l'intervalle des tentes de chaque compagnie ; & la dernière chambrée, pour éviter les accidens du feu, à cauſe de la proximité des cuiſines, les mettra entre ſa tente & celle de la chambrée précédente.

X X I.

Place des cuiſines & des forges.

LES places des cuiſines ſeront à quinze pas de la dernière tente des Cavaliers ; & les forges ſeront placées ſur le même alignement.

X X I I.

Des Vivandiers.

CELLES des tentes des Vivandiers, à dix pas des cuiſines.

X X I I I.

Des tentes des Officiers.

CELLES des tentes des Lieutenans, à vingt pas de celles des Vivandiers, & celles des Capitaines à vingt pas de celles des Subalternes.

X X I V.

A l'égard des tentes des Officiers ſupérieurs des régimens, elles ſeront trente pas en arrière de celles des Capitaines ; ſavoir, celle du Meſtre-de-camp, vers le centre du régiment ; celle du Lieutenant-colonel, à la gauche de celle du Meſtre-de-camp ; & celles du Major & de l'Aide-major, à la gauche, & un peu en arrière de celles du Meſtre-de-camp & du Lieutenant-colonel : obſervant, que quand le régiment ſera campé par ſa gauche, les tentes du Lieutenant-colonel & des Officiers majors devront être ſur la droite de celle du Meſtre-de-camp.

X X V.

LES portes de toutes ces tentes ſeront tournées du côté du camp ; & afin qu'elles ſoient alignées ſur celles des Cavaliers, ainſi que les cuiſines & les forges, l'Officier major qui fera marquer le camp, aura attention qu'il ſoit mis des fiches qui indiquent cet alignement.

X X V I.

X X V I.

Si l'on se trouve dans l'obligation de resserrer ou d'étendre le camp, on diminuera ou on augmentera les intervalles entre les régimens & les brigades, & entre la Cavalerie & l'Infanterie : on pourra aussi élargir les rues des chevaux ; mais on n'augmentera ni ne diminuera jamais l'intervalle entre les tentes adossées.

Resserrer ou élargir le camp.

X X V I I.

Le camp étant marqué, les Majors ordonneront aux Maréchaux-des-logis & Brigadiers de campement, d'empêcher que les troupes & les équipages ne passent ailleurs que dans les grands intervalles.

Passage par les grands intervalles.

X X V I I I.

Lorsque les marqueurs du camp auront marqué les maisons qui devront être occupées dans le voisinage, s'il en reste dans le terrein d'une brigade qui n'aient point été marquées par eux, il sera permis au Brigadier, & après lui au Major de brigade, d'y loger ; mais au défaut de maisons dans ledit terrein, ces Officiers seront obligés de camper à la queue de leur brigade.

Logement du Brigadier & du Major de brigade.

X X I X.

Pour éviter toute difficulté sur la fixation du terrein de chaque brigade, sa largeur sera comptée, à l'égard de celles qui seront campées en première ligne, depuis l'alignement de l'encoignure de la première tente de la droite, jusqu'à celui de la première tente de la brigade suivante ; & en profondeur, depuis soixante-dix toises en avant du front du camp, jusqu'à quatre-vingts toises en arrière. Quant aux brigades de la seconde ligne, leur terrein s'étendra sur la même largeur depuis leur front de bandière jusqu'à deux cens toises en arrière.

X X X.

Aucun des Officiers à qui il est ordonné de camper, ne pourra, sous quelque prétexte que ce soit, s'établir ni mettre ses chevaux, domestiques & équipages dans une maison voisine du camp.

Défenses aux Officiers de loger.

B

X X X I.

LES Majors de brigade feront tenus d'avertir le Brigadier & le Maréchal-général-des-logis de la Cavalerie, des Officiers qui ne feront pas campés à leurs troupes, ou qui feront contrevenus à l'article ci-deffus; & celui-ci en rendra compte au Commandant du camp & à celui de la Cavalerie.

X X X I I.

QUI que ce foit, en aucun cas, ne pourra loger dans les Eglifes ou Chapelles.

X X X I I I.

Conduite au camp.

CHAQUE Major de campement ira au devant de fon régiment dès qu'il en verra arriver la tête, pour le conduire fur le terrein où il devra camper; & lorfque la colonne des équipages commencera à paroître, un Maréchal-des-logis ira pareillement au devant pour les conduire à la queue du camp, aux places qui auront été marquées; obfervant de s'informer des chemins par lefquels les troupes & les équipages devront venir au camp, afin qu'ils y arrivent fans embarras.

DE L'ÉTABLISSEMENT DANS LE CAMP.

X X X I V.

Arrivée au camp.

LE régiment étant arrivé à la tête de fon camp, s'y mettra en bataille l'épée à la main, faifant face en dehors.

X X X V.

UN Officier major fera aux Cavaliers les défenfes ordonnées.

X X X V I.

Piquet.

LE piquet fe tiendra trente pas en avant du régiment, jufqu'à ce que le régiment étant campé, le Commandant de la brigade lui ordonne d'entrer dans le camp.

X X X V I I.

Garde de l'étendard.

LE Major fera fortir des rangs les Cavaliers pour la garde des étendards, & le Brigadier qui devra les commander, lequel les fera entrer dans le camp, mettre pied à terre, attacher leurs chevaux à leurs piquets, prendre leurs moufquetons, & venir fe placer à la tête du camp de la première compagnie, pour y recevoir les timbales & les étendards quand ils y arriveront.

XXXVIII.

LE Lieutenant ou Maréchal-des-logis de chacune des compagnies auxquelles les timbales & les étendards font attachés, & à leur défaut un Brigadier, fe portera en avant du régiment, fuivi du Timbalier & du Cavalier portant l'étendard, avec une efcorte de deux Cavaliers ayant le fabre à la main pour les conduire à l'avant-garde du piquet qui fe fera formée entre le régiment & le piquet; & les y ayant remis, il retournera feul à fa troupe.

XXXIX.

LORSQUE le Brigadier ou le Meftre-de-camp com- *Entrée dans* mandant la brigade, aura donné l'ordre au Major de *le camp.* brigade ou du régiment, de faire entrer la brigade ou le régiment dans fon camp, chaque Officier major, après avoir fait remettre les fabres, fera faire demi-tour à droite par compagnie à fon régiment, & marcher pour entrer dans le camp.

X L.

LES efcadrons de la même brigade obferveront de faire ce mouvement enfemble autant qu'il fera poffible, en fe réglant fur le régiment chef de brigade.

X L I.

LE régiment étant entré dans fon camp, l'Officier commandant l'avant-garde du piquet marchera avec les timbales & les étendards & les Cavaliers de leur efcorte, pour les remettre à la garde de l'étendard; après quoi il retournera avec fon avant-garde à la tête du piquet, & les Cavaliers de l'efcorte entreront dans le camp.

X L I I.

LES Brigadiers & Meftre-de-camps refteront à cheval à la tête du camp, jufqu'à ce qu'ils y aient vû entrer leur brigade ou leur régiment.

X L I I I.

LES Maréchaux-des-logis feront aligner & tendre les tentes de leur compagnie, & les Officiers ne mettront point pied à terre qu'elles ne foient tendues.

X L I V.

Détachemens aux fourrages & autres diftributions.

PENDANT qu'on tendra les tentes, un Officier major affemblera promptement à la tête du camp, le nombre de Cavaliers néceffaires pour aller aux fourrages & autres diftributions, avec les Officiers & Maréchaux-des-logis qui devront les conduire.

X L V.

Propreté du camp.

DÈS que les tentes feront tendues, les Officiers & Maréchaux-des-logis des compagnies feront nettoyer la tête du camp.

X L V I.

Feu.

ILS empêcheront de faire du feu ailleurs qu'aux places marquées pour les cuifines & les forges.

X L V I I.

Communications.

LES Officiers majors feront faire diligemment les communications néceffaires tant à leur droite qu'à leur gauche, en avant & en arrière fans avoir aucun égard au temps & à la fatigue; & s'il fe trouvoit devant le régiment un terrein inégal, ils le feront applanir jufqu'à quarante pas en avant du front du camp.

X L V I I I.

LE terrein dont chaque régiment fera chargé, s'étendra depuis le front de fa première tente jufqu'à celle de la première compagnie du régiment voifin; l'intervalle de l'un à l'autre devant être cenfé faire partie de celui qui aura été diftribué au premier pour camper.

X L I X.

Latrines.

ON fera creufer les latrines fur le même alignement que celles de l'Infanterie: on mettra un appui à la place où elles auront été marquées, & une feuillée s'il eft poffible; & tous les huit jours on fera de nouvelles latrines, & on comblera les anciennes qu'on marquera avec un jalon.

L,

L.

DANS les régimens où il y aura des bouchers, les *Boucheries.*
Majors leur indiqueront en même temps le terrein où
ils devront se placer, dans un assez grand éloignement
pour qu'ils ne puissent point causer d'infection dans le
camp; & ils les obligeront d'enterrer les entrailles des
bestiaux qu'ils tueront.

Ils empêcheront qu'il ne s'établisse dans leur camp des
Vivandiers d'un autre régiment.

L I.

ON commandera pour les premières corvées le nombre *Corvées.*
d'hommes nécessaire, sans y employer les Cavaliers de
piquet; & lorsqu'il y aura à la garde de l'étendard des
Cavaliers arrêtés pour châtiment, on les obligera à faire
les travaux du camp.

L I I.

DEPUIS le moment où la troupe sera entrée dans le *Attentions*
camp, jusqu'à celui où elle sera campée dans l'ordre où *des Majors.*
elle doit l'être, les Officiers majors seront tenus de rester
à cheval à la tête du camp, sans pouvoir se retirer que
tout ce qui est prescrit ci-dessus n'ait été auparavant
exécuté.

L I I I.

ILS iront ensuite visiter les abreuvoirs à portée du *Abreuvoirs.*
camp, pour faire mettre en état ceux qui seront praticables;
& les Majors de brigade feront rompre ceux qui seroient
dangereux.

L I V.

LES Majors des régimens donneront en arrivant au *État*
camp, & ensuite tous les mois, au Maréchal-général-des- *du régiment.*
logis de la Cavalerie, un état exact de la force du régiment & du nombre des Officiers présens, auquel ils ajoû-
teront les noms & les grades des Officiers qui manqueront, les raisons de leur absence & les lieux où ils seront.

L V.

ILS rendront compte à ce même Officier de ce qu'il *Poudre & balles.*

y aura à leur régiment, de poudre, de balles & de pierres à fufil, pour qu'il leur en procure la quantité néceffaire.

DE LA GARDE DE L'ÉTENDARD.

L V I.

Sa compofition. LA garde des étendards de chaque régiment, fera compofée de trois Cavaliers par compagnie, commandés par un Brigadier.

L V I I.

Cavaliers bottés pendant le jour. LES Cavaliers feront bottés pendant le jour, & en fouliers pendant la nuit : à l'égard du Brigadier, il fera en fouliers jour & nuit.

L V I I I.

Place de la garde raffemblée. CETTE garde fe tiendra en haie à droite & à gauche des timbales & des étendards, qui feront pofés fix pas en avant du premier piquet des chevaux de la première compagnie du régiment, les Cavaliers deftinés à la garde du premier étendard fe tiendront avec le Brigadier en dehors du côté de l'intervalle, & le refte en dedans du côté du camp.

L I X.

Sa durée. ELLE fera relevée tous les matins aux gardes montantes.

L X.

Manière de la relever. LA nouvelle garde s'affemblera devant le camp au centre du régiment, où elle fera vifitée par un Officier major, & par le Brigadier qui relèvera, pour s'affurer que les armes foient en état & chargées, & les Cavaliers bien tenus.

L X I.

LE Brigadier portant fon moufqueton fur le bras gauche, fe fera fuivre par les Cavaliers deux à deux, portant leur moufqueton, & les conduira jufqu'à l'ancienne garde, que le Brigadier qui defcendra aura fait mettre en haie à fon pofte.

L X I I.

QUAND le Brigadier approchera de l'ancienne garde,

il fera filer les Cavaliers derrière lui un à un, jufqu'à ce qu'étant arrivé à la hauteur du Brigadier de cette garde, il s'arrêtera & fe formera vis-à-vis d'elle en faifant à droite.

L X I I I.

LE Brigadier de la nouvelle garde ayant pris la configne & relevé les fentinelles, l'ancienne garde fe retirera dans le même ordre que la nouvelle fera venue jufqu'au centre du front du camp du régiment, d'où le Brigadier qui la commande la renverra.

L X I V.

LE Brigadier de la nouvelle garde fera développer *Etendards* enfuite les étendards, excepté dans les temps de groffe *divifés.* pluie, pendant lefquels ils refteront ployés auprès des timbales.

L X V.

ON ne déployera pas non plus les étendards les jours de fourrage; & la nouvelle garde remplacera les fentir.elles de nuit de l'ancienne garde, & ne les retirera point qu'on ne foit revenu du fourrage.

L X V I.

LES étendards étant déployés, le Brigadier les remettra aux Cavaliers des compagnies, à la tête defquelles ils devront être portés, qui feront les premiers à entrer en faction.

L X V I I.

COMME il y a deux étendards par efcadron, les fix Cavaliers des deux compagnies de la droite feront deftinés à en garder un, & ceux des compagnies de la gauche, l'autre, lorfqu'ils feront difperfés.

L X V I I I.

LES Cavaliers qui porteront les étendards, feront gantés & les tiendront de la main gauche, pofés fur l'épaule; ils feront accompagnés chacun de droite & de gauche par un Cavalier; & les autres Cavaliers affectés à chaque étendard, qui ne feront point en faction, formeront un fecond rang derrière l'étendard.

C ij

LXIX.

LE Brigadier ayant ainſi rangé les Cavaliers de ſa garde, il les fera marcher le long du front du camp; obſervant que ceux des compagnies les plus éloignées marchent les premiers.

LXX.

A meſure que chaque étendard arrivera vis-à-vis de la compagnie devant laquelle il devra être poſé, le Cavalier qui le portera le pointera dans terre vis-à-vis, & ſix pas en avant du premier piquet des chevaux de cette compagnie, & il y reſtera en faction le ſabre nu à la main: les autres Cavaliers qui l'auront accompagné, poſeront leurs armes ſur un chevalet long de quatre pieds & de la même hauteur, qui ſera dreſſé à cet effet ſur la même ligne que l'étendard; & ils ſeront renvoyés enſuite à leurs tentes par le Brigadier.

LXXI.

LES mêmes choſes ayant été obſervées pour tous les étendards du régiment, le Brigadier retournera au premier étendard, & avertira en paſſant les ſentinelles aux étendards, d'appeler lorſque la garde devra prendre les armes.

LXXII.

Viſites de jour. LA garde des étendards prendra les armes pour le Commandant du camp, pour celui de la Cavalerie, pour les Officiers généraux de jour, & lorſqu'il paſſera une troupe devant le front du camp du régiment.

LXXIII.

ALORS les Cavaliers factionnaires à chaque étendard, ſe plaçant derrière cet étendard, en empoigneront la lance de la main gauche à la hauteur de la poitrine, tenant leur ſabre nu de l'autre main, la garde appuyée ſur la cuiſſe, la lame croiſant l'étendard, portant ſur le pouce de la main gauche qu'elle débordera par la pointe d'environ un demi-pied, les deux talons vis-à-vis l'un de l'autre ſur la même ligne, à un demi-pied de diſtance l'un de l'autre, la pointe de la botte du pied gauche touchant la lance de l'étendard, le genou gauche un peu

plié,

plié, la jambe droite tendue, l'épaule droite effacée, & le regard affuré.

Les autres Cavaliers fe mettront en haie à droite & à gauche de celui qui tiendra l'étendard de leur compagnie, portant le moufqueton.

Quant au Brigadier, il fe tiendra à la droite de la garde du premier étendard, étant repofé fur le moufqueton qu'il tiendra de la main droite par le bout du canon, la croffe à terre, la platine tournée en dehors, & le bras tendu : il ôtera le chapeau de la gauche pour faluer ceux pour qui il aura pris les armes.

L X X I V.

LES Officiers généraux qui feront employés aux camps en cette qualité & en celle d'Infpecteurs généraux de la Cavalerie, feront reçûs des piquets & des gardes, lorfqu'ils les verront, comme s'ils étoient Officiers généraux de jour, fans néanmoins tirer à conféquence à l'égard de ces mêmes Officiers, lorfqu'ils font employés dans les armées.

L X X V.

LE foir, à l'heure du guet, le Brigadier appellera la garde de l'étendard : pour lors les Cavaliers ayant quitté leurs bottes pour prendre des fouliers, & ayant leurs manteaux renverfés fur les épaules, fe mettront en haie avec leurs armes à droite & à gauche de l'étendard qu'ils auront gardé pendant le jour, & le Brigadier les ramènera avec les étendards, commençant par les plus éloignés, dans le même ordre qu'il les aura pofés le matin.

Raffembler les étendards.

L X X V I.

LES étendards étant raffemblés autour des timbales, le fentinelle qui les gardera fera armé d'un moufqueton, de même que tous ceux qui feront pofés pendant la nuit.

L X X V I I.

A l'entrée de la nuit, outre le fentinelle qui reftera aux étendards, le Brigadier en pofera deux à chaque efcadron, un à la tête & l'autre à la queue du centre de l'efcadron : ces fentinelles fe promèneront le long du front & de la

Garde de nuit.

D

queue de l'efcadron, pour voir s'il ne fe détachera pas des chevaux, & veiller aux accidens qui peuvent arriver.

L X X V I I I.

IL détachera de fa garde quatre Cavaliers pour la garde de nuit du Meftre-de-camp qui aura un fentinelle à fa tente pendant le jour.

L X X I X.

EN l'abfence du Meftre-de-camp, le Lieutenant-colonel aura jour & nuit à fa tente un fentinelle tiré de cette même garde.

L X X X.

LE Commandant du régiment par accident, en aura un la nuit feulement.

L X X X I.

LE Major ou l'Officier chargé du détail du régiment, aura un fentinelle jour & nuit.

L X X X I I.

LE Brigadier, après avoir pofé tous ces fentinelles, fera allumer le feu de fa garde, & l'entretiendra pendant la nuit.

L X X X I I I.

IL partagera les factions des fentinelles, tant de jour que de nuit, de manière qu'elles foient également reparties à toute la garde.

L X X X I V.

Vifites de nuit. SI le Commandant du camp, un Officier général de jour, le Commandant de la Cavalerie, le Brigadier, Meftre-de-camp & Lieutenant-colonel de piquet, ou le Maréchal-général-des-logis de la Cavalerie, viennent à paffer le long de la ligne pendant la nuit, le fentinelle en faction aux étendards, après qu'on lui aura répondu au *qui vive,* criera *halte là ;* & avertira le Brigadier commandant la garde de l'étendard, qui fera prendre les armes à fa garde, & fe détachera de dix pas en avant des étendards ayant le fabre à la main, efcorté de deux Cavaliers le moufqueton préfenté : alors il dira : *avance qui a l'ordre,* & ayant reçû le mot de l'Officier qui fait la vifite, il retournera en rendre compte à l'Officier de piquet qui doit être à cette garde. Cependant les deux Cavaliers demeureront les armes préfentées vis-à-vis l'Officier fupérieur, qui s'arrêtera jufqu'à ce que l'Officier du piquet ait ordonné de le laiffer avancer; & ledit Officier, efcorté de quatre Cavaliers préfentant leurs armes, marchera au devant de l'Officier fupérieur, auquel il rendra le mot.

L X X X V.

LORSQU'IL y aura aux étendards un ou plufieurs prifonniers, fi ces prifonniers font accufés de crime, ils feront attachés à un piquet, & la garde reftera raffemblée jour & nuit, ce qui n'empêchera pas néanmoins qu'on ne place les étendards à la tête de leurs compagnies; mais il ne reftera auprès de ces étendards que les fentinelles pour les garder; & indépendamment du fentinelle qui fera au premier étendard, on mettra un fecond Cavalier en faction avec un moufqueton pour garder les criminels, lequel en fera refponfable, ainfi que le Brigadier. Il fera même commandé un détachement particulier pour garder les criminels, fi le nombre en eft trop grand pour que la garde de l'étendard y puiffe fuffire.

Prifonniers aux étendards.

L X X X V I.

QUAND les prifonniers ne feront détenus que par correction, la garde fe divifera à l'ordinaire: cependant fi quelqu'un de ces prifonniers faifoit la tentative de s'échapper, on l'attachera à un piquet comme un criminel.

L X X X V I I.

LES jours de marche, la garde de l'étendard ne fera relevée qu'à l'arrivée au camp. Lorfqu'on fonnera le bouttefelle, on renverra fucceffivement une moitié des Cavaliers de cette garde pour aller feller & charger leurs chevaux; & lorfqu'on fonnera à cheval, l'Officier qui commandera l'avant-garde du piquet, fera prendre les timbales & les étendards, & les diftribuera chacun à leur compagnie quand le régiment fera en bataille.

Jours de marche.

L X X X V I I I.

LES étendards ayant été ainfi remis, les Cavaliers de

cette garde rentreront chacun dans leur compagnie, pourvû qu'il n'y ait pas de prisonniers aux étendards, parce qu'en ce cas, ils devroient les conduire à la tête du régiment jusqu'au nouveau camp.

DU PIQUET.

LXXXIX.

Sa composition. LE piquet de chaque régiment consistera en une troupe de trente-six Maîtres, y compris deux Brigadiers, un Trompette & un Maréchal, commandés par un Capitaine, un Lieutenant & un Maréchal-des-logis : cette troupe sera composée comme les chambrées, d'anciens & de nouveaux Cavaliers.

X C.

Officiers supérieurs du piquet. IL sera nommé tous les jours à l'ordre un Brigadier, un Mestre-de-camp & un Lieutenant-colonel sur toute la Cavalerie, & un Major par chaque aîle de Cavalerie, pour être de piquet; ces Officiers seront aux ordres des Officiers généraux de jour, & du Commandant de la Cavalerie.

X C I.

Durée du piquet. LE piquet se formera, comme il a été dit, à l'arrivée du régiment au camp, & il sera relevé tous les jours par de nouveaux Cavaliers.

X C I I.

Inspection. LE nouveau piquet s'assemblera le matin à la tête de son régiment, où le Major fera l'inspection des hommes, des armes & des chevaux, avant de faire celle des gardes.

X C I I I.

Piquet à la tête du camp. CETTE inspection étant faite, les piquets monteront à cheval, & resteront en bataille, chacun à la tête du camp de son régiment, jusqu'à ce que les gardes ordinaires soient parties du rendez-vous, où on les assemblera pour aller relever les anciennes gardes; & alors on fera rentrer les piquets dans le camp.

X C I V.

Jours de fourrage. LES jours de fourrage, le nouveau piquet restera à cheval

cheval après l'inspection, & se tiendra à la tête du camp
de son régiment, d'où il enverra des vedettes à la queue
& aux flancs du camp, afin d'empêcher les Cavaliers &
valets d'en sortir que le rendez-vous ne soit donné, &
que les fourrageurs n'aient reçû l'ordre de partir avec les
escortes commandées; & le piquet ne rentrera dans le
camp que lorsque tous les fourrageurs y seront revenus.

X C V.

LES jours de décampement le piquet montera à cheval *Jours de marche.*
au boute-selle, & mettra pareillement des vedettes à la
queue & aux flancs du camp, pour que personne ni
aucuns équipages n'en sortent, jusqu'à ce que l'ordre du
départ ayant été donné, il retirera les vedettes & prendra
la tête du régiment.

X C V I.

LE Mestre-de-camp & le Lieutenant-colonel entrant *Préfence*
de piquet, resteront à cheval à la tête des piquets pendant *des Officiers*
tout le temps qu'ils seront à la tête du camp. *fupérieurs à la*
tête des piquets.

X C V I I.

PENDANT que les piquets seront à la tête du camp, *Visite du Major*
les Majors de brigade les visiteront; & s'ils trouvent qu'il *de brigade.*
y manque quelqu'Officier ou Cavalier, ou qu'il y en ait
quelqu'un de négligé, ils en rendront compte à leur
Brigadier & au Maréchal-général-des-logis de la Cavalerie.

X C V I I I.

LES Brigadier, Mestre-de-camp & Lieutenant-colonel *Leur préfence*
sortant de piquet, se trouveront aux gardes montantes, pour *aux gardes*
rendre compte à l'Officier général de jour de ce qui se *montantes.*
sera passé pendant la nuit; & ils iront ensuite en rendre
compte au Commandant de la Cavalerie.

Le Brigadier entrant de piquet, se trouvera aussi aux
gardes montantes, pour recevoir les ordres de l'Officier
général de jour.

X C I X.

LES piquets étant rentrés dans le camp, seront toûjours *Piquets*
prêts à marcher: pour cet effet, les Officiers & Cavaliers *dans le camp.*

E

ne pourront s'éloigner du camp ni se deshabiller; ils resteront bottés jour & nuit; leurs chevaux feront toûjours
fellés; ils auront la bride à portée d'eux, & leurs cuirasses
feront à la tête de leurs chevaux.

C.

Un Officier de piquet à la garde de l'étendard.

LES deux Officiers & le Maréchal-des-logis de chaque
piquet, s'arrangeront ensemble de façon qu'un d'eux soit
continuellement jour & nuit à la garde de l'étendard:
ils auront leurs chevaux prêts pour faire monter le piquet
à cheval en cas de besoin; & ils visiteront de temps en
temps le piquet, tant de jour que de nuit, pour voir s'il
fera en état.

C I.

Marche & remplacement des piquets.

SI l'on fait marcher le piquet, dès qu'il fera forti du
camp on en commandera un autre.

C I I.

Leur rentrée après avoir passé les gardes ordinaires.

QUAND le piquet rentrera dans le camp, après avoir
passé les gardes ordinaires, son service fera fait, & celui
qui l'aura remplacé restera en fonction.

C I I I.

Piquets demandés.

LES piquets fortiront à la tête du camp pendant le
jour, quand ils feront demandés par le Commandant du
camp, celui de la Cavalerie, les Officiers généraux de
jour, le Brigadier, le Mestre-de-camp & le Lieutenant-
colonel de piquet, & par le Maréchal-général-des-logis
de la Cavalerie.

C I V.

QUAND on appellera le piquet à la tête du camp
pendant le jour, les Cavaliers fortiront bottés avec leurs
bandoulières & leurs fabres, mais fans moufquetons: ils
fe mettront en haie entre les deux étendards de leur efcadron, fur le même alignement de la garde de l'étendard.

Les Officiers fe trouveront à pied difperfés en avant
des Cavaliers de piquet, de manière qu'il y en ait à
chaque efcadron.

C V.

Vifite du piquet pendant la nuit.

L'OFFICIER de piquet qui reftera au feu de la garde

de l'étendard pendant la nuit, recevra les Officiers qui
ont autorité fur le piquet, comme il eſt expliqué à l'article LXXXIV; & s'ils veulent le viſiter, il les mènera
dans les rues des compagnies.

C V I.

Si les piquets font la nuit hors du camp, lorſque les
Officiers qui ont droit de les viſiter arriveront à la ligne,
la vedette criera d'environ quinze pas, *Qui vive ;* il ſera
répondu *France,* & elle demandera *quel régiment.* Quand
l'Officier aura indiqué fon grade, la vedette l'arrêtera en
criant *halte là :* alors un Brigadier & deux Cavaliers de
piquet s'avanceront juſqu'à la vedette, le Brigadier le piſtolet
à la main, & les Cavaliers le mouſqueton haut. Le Brigadier criera *avance qui a l'ordre,* afin de recevoir le mot
de l'Officier fupérieur: ayant reçû le mot & reconnu
celui qui le lui aura donné, il retournera au trot en rendre
compte au Capitaine de piquet, dont la troupe ſera à
cheval l'épée à la main. Le Capitaine s'avancera enſuite
à fix pas de la vedette, eſcorté de deux Cavaliers le mouſqueton haut, & dira *avance à l'ordre :* l'Officier ſupérieur
s'avancera & recevra le mot du Capitaine, qui lui fera
voir enſuite fon piquet, dont les Officiers feront chacun
à leur place.

C V I I.

Le Brigadier, le Meſtre-de-camp & le Lieutenant-
colonel de piquet feront chacun une ronde pendant la
nuit, dont l'heure ſera réglée par le Brigadier: non ſeu-
lement ils parcourront la tête du camp, mais ils paſſeront
auſſi entre les deux lignes, afin d'examiner s'il ne s'y
commettra pas de deſordre.

C V I I I.

Ils viſiteront les piquets pendant la nuit quand ils
feront hors du camp, pour s'aſſurer que les Officiers ſoient
préſens, & les Cavaliers en état; & ils feront reçûs comme
il a été dit à l'article C V I, quand ils demanderont à voir
le piquet d'un régiment.

C I X.

Majors de piquet. LES fonctions des Majors de piquet seront de faire une ronde pendant la nuit, chacun dans les brigades de leur aîle, à l'heure qui leur paroîtra la plus convenable, escortés d'un Brigadier & de deux Cavaliers de piquet ayant leur mousqueton; d'y visiter les gardes des étendards, pour voir si les Brigadiers & les Cavaliers font leur devoir; d'y faire une fois le jour la visite des piquets, pour voir s'il y aura un Officier de piquet de chaque régiment à la tête du camp, & si les sentinelles seront alertes.

D'examiner si le feu des cuisines sera éteint, si l'on ne donnera point à boire chez les Vivandiers, & s'il ne se passera aucun desordre.

Ils rendront compte chaque jour aux Officiers supérieurs de piquet, de ce qui se sera passé à leur ronde, & informeront les Majors de brigade de ce qu'ils auront remarqué de défectueux dans leurs brigades, pour que ceux-ci en instruisent le Maréchal-général-des-logis de la Cavalerie.

C X.

LES Officiers de chaque piquet veilleront à ce qu'il ne reste point d'immondices à la tête & à la queue de leur camp : pour cet effet, ils feront enterrer ces immondices par des Cavaliers de leur piquet; ils leur feront aussi transporter au loin les chevaux morts, ayant soin qu'ils les enterrent à quatre pieds de profondeur au moins.

DES BRIGADES.

C X I.

LES régimens seront mis en brigade à leur arrivée au camp.

C X I I.

Arrangement des régimens & escadrons. LE régiment chef de brigade en prendra la droite, soit pour se mettre en bataille, pour marcher ou pour camper : le second se placera à la gauche ; & quand il y en aura un plus grand nombre, ils se placeront de même alternativement dans le centre de la brigade, tous
les

les régimens de l'aîle droite se formant par leur droite, excepté ceux de la brigade de la gauche qui appuyera à l'Infanterie, laquelle se formera par sa gauche.

Cet ordre sera renversé dans les brigades de l'aîle gauche.

C X I I I.

LES escadrons d'un même régiment observeront entre eux le même ordre que tiendront les régimens dans la formation de la brigade.

C X I V.

CELUI des Majors des régimens d'une même brigade, qui sera le plus ancien de commission de Capitaine, sera Major de cette brigade.

Majors des brigades.

C X V.

S'IL n'y avoit dans une brigade aucun Major en état de faire le service de Major de brigade, il y seroit suppléé par l'Aide-major du régiment de la brigade qui se trouvera le plus ancien de commission de Capitaine.

DE L'ORDRE.

C X V I.

LES Majors de brigade iront tous les jours à l'ordre chez le Maréchal-général-des-logis de la Cavalerie, à l'heure qu'il leur aura indiquée, pour y écrire l'ordre qu'il leur dictera, ainsi que les détails qui concerneront leurs brigades.

Donné chez le Maréchal-général-des-logis de la Cavalerie.

C X V I I.

ILS ne s'exempteront d'aller à l'ordre sous aucun prétexte; & lorsque pour des raisons légitimes quelqu'un d'eux ne pourra s'y trouver, il fera avertir le Major de la brigade le plus ancien après lui, qui s'y rendra à sa place.

C X V I I I.

LE Major de brigade portera l'ordre & le mot au Brigadier de la brigade, lorsque ledit Brigadier sera au camp, & il recevra ses ordres sur ce qu'il aura à y ajoûter avant de le distribuer aux autres Majors de sa brigade.

Porté au Brigadier.

F

C X I X.

Diftribué par les Majors de brigade.

LES Majors, & à leur défaut les Aide-majors des régimens, iront à l'ordre chez le Major de leur brigade, qui le leur dictera avec le détail concernant le service de leur régiment, & ce que le Brigadier aura jugé à propos d'y ajoûter.

C X X.

Porté aux Meftre-de-camps.

LES Majors des régimens ayant pris l'ordre du Major de leur brigade, iront porter le mot à leur Meftre-de-camp lorfqu'il fera au camp, lui feront la lecture de l'ordre, & recevront ceux qu'il aura à donner; après quoi ils iront donner l'ordre à leurs régimens.

C X X I.

Aux Lieute-nant-colonels.

EN l'abfence du Meftre-de-camp, le Major donnera le mot au Lieutenant-colonel, à qui il fera porté par l'Aide-major quand le Meftre-de-camp fera préfent; & lorfque le Meftre-de-camp & le Lieutenant-colonel ne feront point au régiment, le Major portera l'ordre également à l'Officier qui le commandera à leur défaut.

C X X I I.

Envoi de l'ordre.

AUCUN Officier major n'enverra l'ordre d'un régiment à l'autre, autrement que par écrit, & par un Officier ou un Maréchal-des-logis.

C X X I I I.

Cercle.

LORSQUE le Major d'un régiment voudra diftribuer l'ordre, le Timbalier battra un appel auquel les Maréchaux-des-logis des compagnies s'affembleront à la tente du Major.

C X X I V.

IL ne fera permis d'y entrer qu'au Brigadier de la brigade, au Meftre-de-camp, au Lieutenant-colonel ou autre Officier commandant le régiment, & aux Officiers majors.

C X X V.

LE Brigadier commandant la garde aux étendards, en prendra auffi-tôt deux Cavaliers qu'il conduira à cette tente; & en les mettant en faction, l'un devant, l'autre derrière la tente, il leur donnera pour consigne de n'en laisser approcher personne que les Officiers ci-dessus.

C X X V I.

LE Major fera écrire aux Maréchaux-des-logis ce qu'ils auront à exécuter : il en fera faire ensuite la lecture, vérifiera leur livre d'ordre pour s'assurer qu'ils l'aient écrit exactement, & le leur fera expliquer par un Officier major.

C X X V I I.

ON nommera à l'ordre les Officiers commandés pour tous les différens genres de service du camp, & le Brigadier qui devra commander la garde des étendards.

C X X V I I I.

LE Major fera mention aussi chaque jour dans l'ordre, des Officiers qui feront les premiers à marcher pour chaque espèce de service.

C X X I X.

CHAQUE Maréchal-des-logis portera l'ordre aux Officiers de sa compagnie; & lorsqu'il fera cette fonction, il aura le chapeau bas, ainsi que l'Officier, dans l'instant où le Maréchal-des-logis lui donnera le mot à l'oreille.

Rendu aux Officiers des compagnies.

C X X X.

LE Maréchal-des-logis ira ensuite dans chaque tente de la compagnie expliquer aux Cavaliers les défenses & ce qui aura été ordonné, & avertir ceux qui devront être de service.

Aux Cavaliers.

C X X X I.

LE Major de brigade donnera l'ordre cacheté à un Cavalier de chaque garde ordinaire de sa brigade, que le Commandant de ladite garde aura eu soin, à son arrivée à son poste, de renvoyer au camp de son régiment pour lui apporter les ordres qu'on aura à lui donner.

Aux gardes ordinaires.

DU GUET ET DE L'APPEL,
& autres règles du camp.

C X X X I I.

UNE heure avant que le soleil se couche, tous les

École des Trompettes.

Trompettes fe trouveront à la tête du camp de leur régiment, pour tenir entre eux l'école jufqu'au foleil couchant.

C X X X I I I.

Au fignal de la retraite, les Trompettes fonneront le guet, commençant à l'aîle droite & à l'aîle gauche par les régimens qui joindront l'Infanterie.

C X X X I V.

Le guet étant fonné, les étendards feront rapportés à la tête de la première compagnie de chaque régiment; & le Brigadier de cette garde pofera les fentinelles de nuit.

C X X X V.

On éteindra les feux des cuifines: les Vivandiers cefferont de donner à boire, & les Cavaliers feront rentrés dans leurs tentes une heure après la retraite.

C X X X V I.

Les Maréchaux-des-logis, & en leur abfence les Brigadiers, feront régulièrement des appels des Cavaliers de leur compagnie, une heure après le guet fonné & au point du jour, & plus fouvent s'il eft néceffaire.

C X X X V I I.

Ils feront enfuite leurs billets d'appel, fur lefquels ils marqueront s'il manque quelqu'un ou non, & le nombre des Cavaliers qui feroient morts au camp, ou qui auroient été envoyés à l'hôpital d'un appel à l'autre.

Ils dateront & figneront ces billets, & ils les porteront au Brigadier de la garde de l'étendard, qui les remettra au Major de fon régiment; & ils en rendront compte au Commandant, & à leur Capitaine.

C X X X V I I I.

Les appels fe feront tente par tente, en appelant les Cavaliers par leur nom, & les obligeant de répondre chacun pour foi.

Les Maréchaux-des-logis ou Brigadiers qui y manqueront par négligence, ou qui ne marqueront pas fur leurs billets les Cavaliers qui ne fe feront pas trouvés à leur appel, feront punis févèrement.

CXXXIX.

C X X X I X.

LES Lieutenans des compagnies en feront l'appel après le guet, indépendamment de celui des Maréchaux-des-logis; & ils marqueront les Cavaliers qui auront manqué, fur des billets qu'ils figneront, & qu'ils remettront au Commandant du régiment; ils en informeront enfuite le Capitaine.

C X L.

LES Majors des régimens formeront fur les billets d'appel des Maréchaux-des-logis ou Brigadiers, des billets datés & fignés d'eux, qu'ils enverront tous les matins au Major de leur brigade.

Ils marqueront fur ces billets les noms des Cavaliers qui auront manqué à l'appel, avec ceux de leurs compagnies, & l'heure à laquelle on fe fera aperçû de leur abfence.

Quand il n'auroit manqué perfonne, ils n'en feront pas moins mention fur leurs billets.

Ils y marqueront auffi le nombre des Cavaliers entrés à l'hôpital ou morts au camp.

C X L I.

CHAQUE Major de Brigade formera de même fur les billets des Majors des régimens de fa brigade, un billet détaillé des Cavaliers qui y auront manqué, lequel il fignera, datera & enverra au Maréchal-général-des-logis de la Cavalerie; & il en rendra compte à fon Brigadier.

C X L I I.

LE Maréchal-général-des-logis de la Cavalerie formera du tout un état général, qu'il remettra au Commandant du camp & à celui de la Cavalerie, à l'heure de l'ordre.

C X L I I I.

LES Lieutenans des compagnies feront tous les matins *Vifite des* la vifite des tentes, afin de voir fi les Cavaliers font *Lieutenans.* propres, fi leurs équipages & leurs armes font en bon état, & s'ils feront ordinaire.

C X L I V.

ILS verront leur compagnie lorfqu'on penfera les

G

chevaux, lorfqu'on leur donnera l'avoine, & quand on les mènera à l'abreuvoir ; & ils auront attention qu'en les y menant, il y ait à la tête un Maréchal-des-logis ou un Brigadier, & un Carabinier à la queue.

DE L'ORDRE A OBSERVER
pour commander les gardes & détachemens.

C X L V.

Détachemens par brigade.

LES détachemens pour toute forte de fervice, feront commandés par brigade, chacune devant fournir à fon tour, en commençant par la première, à proportion du nombre d'efcadrons dont elles feront compofées.

C X L V I.

Contrôles du Maréchal-géné-ral-des-logis de la Cavalerie.

LE Maréchal-général-des-logis de la Cavalerie tiendra un contrôle des brigades, fuivant leur rang, fur lequel feront marqués tous les détachemens commandés.

Il tiendra pareillement des contrôles des Brigadiers employés, des Meftre-de-camps & des Lieutenant-colonels, pour les commander chacun à leur tour.

C X L V I I.

Brigadiers, Meftre-de-camps & Lieu-tenant-colonels.

LES Brigadiers employés, & les Meftre-de-camps & Lieutenant-colonels, foit en pied, réformés ou par com-miffion, feront commandés par rang d'ancienneté.

C X L V I I I.

LES Meftre-de-camps & Lieutenant-colonels par com-miffion, qui auront d'autres emplois dans la Cavalerie, y feront un double fervice; mais ils feront toûjours celui de leurs emplois, par préférence à celui de Meftre-de-camp & de Lieutenant-colonel; à l'exception des Majors qui, lorfqu'ils auront la commiffion de Meftre-de-camp ou de Lieutenant-colonel, ne feront de fervice en cette qualité qu'une fois en entrant & en fortant de campagne.

C X L I X.

Contrôles des Majors de brigade.

LES Majors de brigade tiendront un contrôle des régimens de leur brigade, où ils marqueront les Officiers, Maréchaux-des-logis & Cavaliers qui feront commandés par proportion du nombre de leurs efcadrons, & par rang de régiment, en commençant par le régiment chef de brigade.

C L.

CHAQUE Major de régiment tiendra auffi un contrôle dudit régiment, compagnie par compagnie, fur lequel il marquera le nombre d'Officiers, de Maréchaux-des-logis, de Brigadiers & de Cavaliers qui feront commandés.

Contrôles des Majors des régimens.

C L I.

CES contrôles commenceront du jour de l'arrivée au camp, & feront continués jufqu'à celui de fa féparation.

C L I I.

IL y aura quatre fortes de tours de garde.

Tours de garde.

Le premier, pour les gardes d'honneur, lorfqu'il y aura occafion d'en donner.

Le fecond, pour les gardes ordinaires.

Le troifième, pour les détachemens.

Et le quatrième, pour le piquet.

C L I I I.

LES régimens fourniront de plus, chacun à leur tour, une garde de Capitaine pour le quartier général.

C L I V.

IL y aura un tour particulier pour les Brigadiers & Cavaliers qui feront commandés pour la garde des étendards, ainfi que pour tout autre fervice à pied, pour lequel les Cavaliers ne feront commandés qu'avec un Brigadier, ou tout au plus un Maréchal-des-logis.

C L V.

LES trois premiers tours de garde feront commandés par la tête, & celui du piquet par la queue.

C L V I.

ON fuivra exactement le rang des Capitaines, & on fera marcher les Lieutenans fuivant celui des compagnies auxquelles ils font attachés; ce qui n'empêchera pas que ceux du même régiment ne commandent entre eux fuivant leur ancienneté.

G ij

C L V I I.

LES Maréchaux-des-logis, Brigadiers & Cavaliers feront pareillement commandés par rang des compagnies.

C L V I I I.

L'OFFICIER qui fe trouvera en même temps le premier à marcher pour différens fervices, fera commandé par préférence pour le premier de ces fervices, dans l'ordre qui eft défigné ci-deffus.

C L I X.

CELUI qui étant de fervice actuel pour une garde d'honneur, une garde ordinaire ou un détachement, devroit marcher à fon tour pour tout autre fervice, continuera celui dont il eft.

C L X.

CELUI qui étant de piquet devra marcher pour un des autres fervices, quittera fon piquet, & fera remplacé dans le moment par celui qui doit le fuivre dans le tour du piquet.

C L X I.

TOUT Officier qui étant le premier à marcher pour une garde d'honneur, une garde ordinaire, un détachement ou le piquet, ne fe trouvera pas au camp quand on le commandera, ou ne pourra faire ce fervice pour quelque caufe que ce foit, fera remplacé par celui qui le fuivra.

C L X I I.

EN ce cas, fon tour fera paffé pour les gardes d'honneur & les détachemens, dont il ne pourra venir prendre le commandement fi-tôt qu'ils feront en marche & au-delà des gardes ordinaires: mais à l'égard de la garde ordinaire & du piquet, le tour n'en paffera jamais, foit que l'Officier foit abfent ou de fervice ailleurs, devant toûjours le reprendre après fon retour au camp, le feul cas de maladie excepté.

C L X I I I.

LES détachemens ne feront cenfés faits que lorfqu'ils auront paffé les gardes ordinaires, & l'on ne tiendra point compte

compte de ceux qui auront été renvoyés du lieu du rendez-vous.

C L X I V.

LE Commandant d'un régiment, par accident, devra être commandé à son tour, de garde & de détachement; il sera seulement exempt de piquet pendant le temps qu'il commandera.

Commandant par accident.

C L X V.

LES Majors de brigade ne marcheront qu'avec leur brigade ou leur régiment.

Officiers majors.

C L X V I.

IL sera commandé un Major ou un Aide-major pour accompagner un Brigadier commandé en détachement ou de piquet, lequel sera pris dans la même brigade où le Brigadier sera employé, & par préférence dans son régiment s'il en est Mestre-de-camp.

C L X V I I.

LES Majors des régimens marcheront avec leurs Mestre-de-camps, à moins qu'ils ne soient Majors de brigade, auquel cas un Aide-major accompagnera le Mestre-de-camp à la place du Major.

C L X V I I I.

LES Aide-majors marcheront avec les Lieutenant-colonels en pied de leur régiment, à moins que le Major du régiment ne fût Major de brigade, auquel cas il sera commandé un Lieutenant pour marcher avec le Lieutenant-colonel.

C L X I X.

LORSQU'UN Mestre-de-camp & Lieutenant-colonel réformé ou par commission, sera détaché dans ce grade, il sera commandé un Lieutenant du corps auquel il sera attaché, pour marcher avec lui.

C L X X.

TOUTE troupe commandée pour une garde ou pour un détachement, sera composée; savoir,

Celle de Capitaine, d'un Lieutenant, un Maréchal-

Composition des gardes & détachemens.

H

des-Logis & cinquante Maîtres, compris deux Brigadiers, deux Carabiniers, un Trompette & un Maréchal.

Celle de Lieutenant, d'un Maréchal-des-logis, & trente-fix Maîtres, compris deux Brigadiers, un Carabinier & un Trompette.

Et celle de Maréchal-des-logis, de douze Cavaliers, compris un Brigadier.

C L X X I.

LE Commandant du camp pourra cependant, dans certains cas, faire doubler, s'il le juge à propos, les Lieutenans dans une même troupe commandée par un Capitaine.

C L X X I I.

CHAQUE troupe fera compofée d'Officiers & de Cavaliers tirés du même régiment.

C L X X I I I.

LES Maréchaux - des - logis des compagnies auront attention que les gardes & détachemens foient toûjours compofés d'anciens & de nouveaux Cavaliers.

C L X X I V.

Carabiniers.

LORSQUE le Commandant du camp voudra faire marcher les Carabiniers, ils feront toûjours commandés par le plus ancien Capitaine, le plus ancien Lieutenant & le plus ancien Maréchal-des-logis de chaque régiment.

DE LA GARDE ORDINAIRE.

C L X X V.

Son affemblée.

LES gardes ordinaires s'affembleront tous les matins à l'heure ordonnée, chacune à la tête du centre du régiment qui devra la fournir.

C L X X V I.

LE Major ou l'Aide-major de chaque régiment, après avoir fait l'infpection des Cavaliers & des chevaux de fa garde, la mènera au centre de la brigade, pour la remettre au Major de brigade.

CLXXVII.

Le Major de brigade fera l'infpection des gardes de fa brigade en préfence des Officiers majors de chaque régiment; & il les conduira enfuite au rendez-vous général des gardes, pour les remettre au Maréchal-général-des-logis de la Cavalerie.

CLXXVIII.

Cet Officier mettra les gardes en bataille felon le rang des brigades dont elles feront tirées, & les vifitera.

CLXXIX.

Il fera défiler les gardes quand il en aura reçû l'ordre des Officiers généraux de jour, ou du Commandant de la Cavalerie; & en leur abfence d'un Officier fupérieur de piquet: & pour cet effet, il fe mettra à la droite des gardes; & lorfqu'il aura dit à l'Officier commandant la troupe, qu'il peut marcher, celui-ci en donnera l'ordre à fa troupe, en difant: *Prenez garde à vous: Marche.*

Départ des gardes.

CLXXX.

Le Cavalier de chaque garde ordinaire qui aura été renvoyé au camp, fe trouvera à l'affemblée des nouvelles gardes pour conduire à fon pofte celle qui devra la relever. Ce Cavalier fe mettra en face de la garde qu'il aura à conduire, à la diftance qui lui fera prefcrite, & prendra la tête de cette garde quand elle défilera.

CLXXXI.

Les gardes falueront, en défilant, le Commandant du camp, les Officiers généraux de jour, & le Commandant de la Cavalerie; mais s'ils s'y trouvent enfemble, elles ne falueront que l'Officier fupérieur.

Salut en défilant.

CLXXXII.

Les gardes défileront le fabre à la main & trompettes fonnantes. Les Officiers qui les commanderont, pourront faire remettre les fabres quand elles feront hors de l'alignement des gardes du camp de l'Infanterie; mais ils devront les faire tirer de nouveau lorfque les gardes arriveront à la vûe d'une vieille garde.

CLXXXIII.

SI une garde rencontre, chemin faisant, une troupe armée, ou un Officier général à qui les honneurs soient dûs, le Commandant de cette garde fera sonner la trompette, sans s'arrêter.

CLXXXIV.

Avant-garde. LES Officiers détachés avec les gardes ordinaires, observeront au sortir du camp, d'avoir une avant-garde commandée par un Officier, lequel fera porter les mousquetons hauts aux Cavaliers de cette avant-garde, & marchera à une distance convenable de la troupe dont il aura été détaché.

CLXXXV.

Arrivée au poste. QUAND la nouvelle garde arrivera à son poste, son avant-garde rentrera dans les rangs, & la troupe aura le sabre à la main, ainsi que l'ancienne garde qu'elle devra relever, dont elle prendra la gauche.

CLXXXVI.

Donner la consigne. LE Capitaine qui descend la garde, donnera la consigne à celui qui le relève.

CLXXXVII.

Relever le petit corps-de-garde. CELUI-CI fera sortir de sa garde un Officier l'épée à la main, & douze Cavaliers le mousqueton haut, pour aller relever le petit corps-de-garde avancé. •

CLXXXVIII.

Relever les vedettes. LES Brigadiers des deux gardes iront ensemble relever les vedettes.

CLXXXIX.

Reconnoître le poste. PENDANT qu'on relèvera les vedettes, les deux Capitaines visiteront ensemble les flancs & les avenues du poste; & celui qui relève prendra de l'autre les éclaircissemens nécessaires sur tout ce qui peut contribuer à sa sûreté.

CXC.

LES deux Lieutenans iront ensuite reconnoître le poste de nuit, ainsi que les chemins & les endroits où les

patrouilles

patrouilles devront se porter pendant la nuit ; & celui de la nouvelle garde en rendra compte au Capitaine.

C X C I.

Tous les postes étant relevés, la vieille garde retournera au camp, son petit corps-de-garde composé d'une division faisant l'arrière-garde : elle y arrivera le sabre à la main & trompette sonnante, se mettra en bataille à la tête du centre de sa brigade; & ayant remis les sabres, fera face au camp par un demi-tour à droite par troupe : après quoi le Commandant de la garde fera décharger les armes, renverra les Cavaliers, & ira rendre compte de son retour au Commandant de la brigade & à celui du régiment.

Retour de l'ancienne garde.

DU SERVICE DES GARDES ORDINAIRES
dans leurs postes.

C X C I I.

Après le départ de l'ancienne garde, le Commandant de la nouvelle s'emparera du poste.

Etablissement dans le poste.

C X C I I I.

Il ne pourra en sortir ni rien changer à la consigne; mais seulement augmenter de précautions, & en rendre compte aux Officiers supérieurs quand ils le visiteront.

C X C I V.

Le Commandant restera à cheval avec sa garde, & fera doubler les vedettes lorsque la sûreté de sa troupe l'exigera.

C X C V.

Le reste du temps, il fera mettre pied à terre à un rang alternativement, pour débrider les chevaux & les faire manger, ayant attention que le rang qui sera à cheval soit toûjours quinze pas en avant de celui qui sera débridé; & il restera toûjours un Officier au moins, à cheval avec le rang qui y sera.

C X C V I.

S'il y a des bois ou des haies à portée du poste, il

I

les fera fouiller par un Brigadier & quelques Cavaliers avant de faire mettre pied à terre; & quand même le pays feroit uni & découvert autour de lui, il ne laiffera pas d'envoyer à une certaine diftance, pour examiner s'il n'y auroit point de ravins ou chemins creux.

C X C V I I.

Affiduité au pofte.

Le Commandant de la garde ne permettra à aucun Officier ni Cavalier de s'écarter en aucun temps, fous quelque prétexte que ce puiffe être.

C X C V I I I.

Communication avec les gardes voifines.

Il aura foin d'avoir une communication libre avec les gardes voifines, afin que rien ne puiffe paffer entre elles & lui fans être vû.

C X C I X.

Configncs.

Il fera configné aux gardes en avant & fur les flancs du camp, de ne laiffer paffer au-delà aucuns Cavaliers, Dragons, Soldats ni valets, d'arrêter tous ceux qui fe préfenteront, de les envoyer au Prevôt, & d'en donner avis au Maréchal-général-des-logis de la Cavalerie.

C C.

La même configne fera donnée aux gardes fur les derrières du camp, excepté qu'elles devront laiffer paffer les Cavaliers, Dragons & Soldats qui feront porteurs de congés dans la forme prefcrite par les ordonnances, & les valets qui auront des congés par écrit de leurs maîtres, vifés du Major du régiment.

C C I.

Il fera auffi configné de reconnoître ceux qui arriveront au camp, & de faire conduire les étrangers au Maréchal-général-des-logis de la Cavalerie, fans cependant caufer aucun trouble ni empêchement aux allans & venans pour le commerce & la fubfiftance du camp, & donnant au contraire toute liberté & fûreté à ceux qui y apportent des vivres & denrées.

C C I I.

Aller au qui vive.

Quand une vedette avertira qu'elle aperçoit une troupe ou plufieurs perfonnes enfemble venant de fon côté; fi la garde n'eft pas à cheval, le Commandant l'y fera monter, le fecond rang ferrant alors fur le premier : il enverra deux Cavaliers au grand trot, le moufqueton haut, à trente pas en avant des vedettes. Lorfque ceux que ces Cavaliers voudront reconnoître, feront à portée de les entendre, ils crieront *qui vive ;* leur ayant été répondu *France,* ils demanderont *quel régiment.* Après la feconde réponfe, un des deux Cavaliers ira rendre compte au Commandant de la troupe, l'autre fe retirera au pofte de la vedette, d'où il criera à la troupe venant, *halte-là ;* & lorfque le Commandant lui aura envoyé dire de laiffer approcher ou paffer, il fe retirera à fa troupe après avoir averti ceux qu'il aura arrêtés qu'ils pourront avancer ou paffer.

C C I I I.

LE Commandant de la garde ordinaire, après s'être établi dans fon pofte, enverra un Cavalier de fa troupe au camp, pour lui apporter les ordres que le Major de fa brigade aura à lui envoyer.

Envoi à l'ordre.

C C I V.

AU coucher du foleil, le Commandant de la garde la fera monter à cheval, fera retirer fes vedettes & fon petit corps-de-garde, & fe retirera au pofte de nuit. En faifant cette retraite il fera deux haltes, & marchera avec une arrière-garde : il tâchera de faire ce mouvement en même temps que les gardes qui feront à fa droite & à fa gauche.

Pofte de nuit.

C C V.

DANS les cas qui exigent d'être alerte, on ne doit faire boire les chevaux qu'après que la garde s'eft retirée au pofte de nuit : en toute autre circonftance, on pourra faire boire le matin avant de quitter le pofte de nuit, & dans la journée fi les chaleurs obligent de faire rafraîchir les chevaux.

Abreuvoir.

C C .V I.

QUAND on enverra à l'abreuvoir, fi la garde eft au pofte de jour, elle montera entièrement à cheval, les Officiers à la tête : on ne détachera que fix Cavaliers à la fois avec un Brigadier ou un Carabinier, & on attendra que les premiers foient revenus pour en envoyer d'autres. On aura auffi attention de faire relever le petit corps-de-garde pendant qu'il ira faire boire, conduit par l'Officier qui le commandera.

On prendra les mêmes précautions en allant à l'abreuvoir, partant du pofte de nuit, fi ce n'eft que l'on pourra y envoyer un plus grand nombre de chevaux à la fois, pour que cette opération foit plus tôt finie.

C C V I I.

LA garde ordinaire étant établie au pofte de nuit, celui qui la commande, après avoir mis des vedettes autour & un petit corps-de-garde en avant, fera mettre pied à terre au refte de la troupe ou à une partie, felon les circonftances, ayant toûjours au moins un des rangs bridé, dont les Cavaliers tiendront leurs chevaux par la bride, & feront en avant de l'autre rang dont les chevaux feront débridés.

C C V I I I.

LES vedettes feront toûjours doublées pendant la nuit; & elles feront affez près les unes des autres, pour qu'il ne puiffe paffer perfonne entre elles fans être entendu.

C C I X.

IL y aura du feu au pofte de nuit des gardes ordinaires, autant que cela fera poffible.

C C X.

Patrouilles. LE Commandant de la garde règlera le temps auquel les Officiers & le Maréchal-des-logis feront tour à tour la patrouille.

C C X I.

CELUI qui devra faire la patrouille, prendra avec lui deux Cavaliers; & après avoir reçû les derniers ordres du Commandant, il partira le piftolet à la main, fuivi des Cavaliers ayant le moufqueton haut, armé & accroché à la bandoulière.

C C X I I.

ILS marcheront avec le moins de bruit qu'il fera poffible, & feront halte de temps en temps pour écouter.

C C X I I I.

C C X I I I.

LORSQU'ILS reviendront à la troupe, les vedettes les arrêteront en leur criant *halte-là;* alors un Brigadier escorté par deux Cavaliers viendra les reconnoître, & recevoir le mot de celui qui commandera la patrouille, avec celui du ralliement: après quoi on les laissera rejoindre la garde; & l'Officier rendra compte au Commandant, de ce qu'il aura vû & entendu.

C C X I V.

POUR éviter que les patrouilles soient découvertes, on conviendra d'un signal muet, que l'on donnera aux vedettes & aux patrouilles.

C C X V.

AU petit point du jour, toute la garde montera à cheval, & y restera jusqu'à ce que la découverte ait été faite.

Reprendre le poste de jour.

C C X V I.

LORSQU'IL sera jour, on détachera un Maréchal-des-logis avec quatre Cavaliers, pour aller faire la découverte dans tous les endroits qui lui auront été marqués.

C C X V I I.

LA découverte étant faite, le Commandant de la garde fera retirer les vedettes, & marcher pour reprendre le poste de jour, le petit corps-de-garde faisant l'avant-garde; & s'il y a un poste d'Infanterie dans le cas de prendre son poste de jour auprès du sien, il observera d'y marcher ensemble, pour se protéger mutuellement.

C C X V I I I.

SI le Commandant du camp, le Lieutenant-général de jour, ou le Commandant de la Cavalerie, visitent les gardes ordinaires pendant le jour, elles monteront à cheval, les Cavaliers auront le sabre à la main, le Trompette sonnera, & les Officiers salueront.

Visites.

C C X I X.

LE Maréchal-de-camp de jour sera reçû comme le Lieutenant-général de jour, excepté que le Trompette ne sonnera pas.

K

C C X X.

POUR le Brigadier de piquet, les gardes monteront à cheval sans mettre l'épée à la main, & le Trompette ne sonnera point.

C C X X I.

CES Officiers visitant les gardes pendant la nuit, seront reçûs comme par les piquets.

C C X X I I.

LE Maréchal-général-des-logis de la Cavalerie aura le droit de visiter les gardes ordinaires, dont les Commandans exécuteront ce qu'il leur prescrira de la part du Commandant du camp, ou de celui de la Cavalerie, & il sera reçû comme le Brigadier de piquet.

C C X X I I I.

Passage des troupes. LES gardes ordinaires monteront à cheval, & sonneront quand il passera une troupe à portée d'elles pendant le jour: elles n'en laisseront passer aucune allant au camp pendant la nuit, quand même elles l'auroient parfaitement reconnue pour être de celles du camp; elles la feront rester à l'écart, & ne lui donneront passage que lorsqu'il sera grand jour, à moins d'un ordre du Commandant du camp ou du Maréchal-général-des-logis de la Cavalerie.

C C X X I V.

ELLES permettront néanmoins à l'Officier qui commandera cette troupe, s'il a des nouvelles pressées à donner au Commandant du camp, d'aller chez lui ou d'y envoyer.

C C X X V.

Nouvelles. SI le Commandant d'une garde ordinaire apprend des nouvelles qui méritent attention, il les écrira, & les enverra par un Cavalier au Maréchal-général-des-logis de la Cavalerie.

C C X X V I.

Déserteurs. S'IL se présente des deserteurs étrangers pour entrer au camp, on les fera conduire par un Brigadier & un Cavalier chez le Commandant du camp: s'il étoit trop éloigné, on les fera garder à vûe après les avoir fait defarmer, & on les lui amènera avec leurs armes & chevaux en defcendant la garde.

C C X X V I I.

AUCUNE garde ordinaire n'abandonnera fon pofte, fous quelque prétexte que ce puiffe être, qu'après avoir été relevée par une autre, ou par un ordre écrit du Commandant du camp, du Maréchal-général-des-logis de la Cavalerie, ou du Major de brigade, à moins qu'un Officier général de jour ou le Major de brigade ne vienne la retirer lui-même, ou qu'elle ne foit attaquée par une troupe fupérieure.

Relever les gardes.

C C X X V I I I.

UN Commandant de garde ne pourra refufer de fe laiffer relever par une autre garde, fous prétexte qu'elle feroit moins nombreufe, ou commandée par un Officier d'un grade inférieur au fien.

C C X X I X.

LES jours de marche, les anciennes gardes attendront les ordres du Général pour rentrer dans leurs régimens ou faire l'arrière-garde ; & les nouvelles s'affembleront à l'ordinaire pour fuivre le Maréchal-de-camp de jour au campement, & exécuter fes ordres.

C C X X X.

LA garde du quartier général fournira au Prevôt les Cavaliers dont il aura befoin pour fon efcorte.

Garde du quartier général.

Elle ne montera à cheval pour perfonne fans un ordre du Commandant du camp, qui lui prefcrira ce qu'elle aura à faire.

Son Maréchal-des-logis ira prendre l'ordre chez le Maréchal-général-des-logis de la Cavalerie.

D E S V E D E T T E S.

C C X X X I.

LES vedettes doivent toûjours être mifes à portée & en vûe de la garde qui les pofe.

CCXXXII.

QUAND elles ont été pofées, les Officiers de la garde doivent aller fucceffivement leur faire répéter la configne.

CCXXXIII.

ELLES doivent fe tourner de temps en temps de différens côtés, pour mieux découvrir ce qui fe paffera autour d'elles, & avertir en appelant ou par fignes, quand elles découvrent des troupes ou plufieurs perfonnes venant de leur côté.

CCXXXIV.

CELLES qui font doublées ne doivent jamais parler enfemble que pour les cas du fervice : elles feront tournées de deux côtés oppofés ; l'une viendra avertir pendant que l'autre reftera pour obferver ; & fi une des deux deferte, l'autre tirera deffus.

CCXXXV.

LES vedettes doivent toûjours avoir le moufqueton haut & armé, & accroché à la bandoulière.

CCXXXVI.

TOUS Cavaliers qui doivent relever des vedettes, feront conduits par un Brigadier, qui partira de la troupe le fabre à la main, & les Cavaliers le moufqueton haut.

CCXXXVII.

LES Cavaliers qui feront relevés, auront pareillement le moufqueton haut, jufqu'à ce qu'ils aient rejoint la troupe.

CCXXXVIII.

QUAND le Brigadier aura plufieurs vedettes à relever, il commencera toûjours par la plus éloignée, & ramènera enfemble tous les Cavaliers qu'il aura relevés.

CCXXXIX.

LA nouvelle vedette prendra la gauche de la vieille en la relevant, & le Brigadier fe tiendra devant elles, pour avoir attention que la configne foit bien donnée.

DES

DES CAVALIERS D'ORDONNANCE.

C C X L.

IL fera commandé tous les jours deux Cavaliers par brigade, pour être d'ordonnance chez le Commandant de la Cavalerie, aux ordres d'un Brigadier.

C C X L I.

IL y aura auffi deux Cavaliers par brigade, avec un Brigadier d'ordonnance chez le Maréchal-général-des-logis de la Cavalerie.

C C X L I I.

LES Brigadiers employés auront chez eux deux Cavaliers tirés de leur brigade, dont ils ne pourront fe faire fuivre.

C C X L I I I.

LORSQUE les Majors de brigade auront des ordres à envoyer, ailleurs qu'aux gardes ordinaires, ils pourront fe fervir d'un Cavalier du piquet, mais fans pouvoir s'en faire fuivre.

DES DÉTACHEMENS.

C C X L I V.

TOUS les détachemens commandés feront formés cha- *Leur affemblée.* cun à la tête du régiment qui le fournira.

C C X L V.

L'OFFICIER major qui en fera l'infpection, vifitera les armes & munitions des Cavaliers, en préfence des Officiers qui devront commander le détachement : il vérifiera fi les Cavaliers auront du pain & de l'avoine pour le temps qui aura été ordonné ; & il ne fouffrira point de chevaux qui ne foient en bon état.

C C X L V I.

POUR remédier à ce qui pourroit fe trouver de manque à cette infpection, il s'y trouvera un Officier ; & au défaut d'Officier, un Maréchal-des-logis ou un Brigadier de chaque compagnie.

L

CCXLVII.

L'OFFICIER major du régiment conduira enfuite les détachemens au centre de la brigade, d'où le Major de brigade, après les avoir vifités, les conduira au rendez-vous indiqué par le Maréchal-général-des-logis de la Cavalerie, auquel il les remettra en lui donnant par écrit le nom des régimens qui auront fourni les différens détachemens, & ceux des Officiers de tous grades qui feront attachés à chaque troupe commandée.

CCXLVIII.

Rang des détachemens.

LES détachemens de Cavalerie, de quelque régiment qu'ils foient, marcheront entre eux fuivant le rang de la brigade de laquelle ils auront été tirés; mais les Capitaines commanderont entre eux fuivant l'ancienneté de leurs commiffions.

CCXLIX.

Commandement.

L'OFFICIER de grade fupérieur, foit de Cavalerie ou d'Infanterie, commandera par-tout à celui d'un grade inférieur.

CCL.

EN parité de grade, l'Officier de Cavalerie commandera par préférence à celui d'Infanterie, lorfqu'ils fe trouveront enfemble en campagne.

CCLI.

TOUT Officier qui aura été nommé à l'ordre de l'armée pour commander un détachement compofé d'Infanterie & de Cavalerie, le commandera pendant tout le temps que ce détachement fera hors du camp.

CCLII.

LORSQUE l'Officier nommé à l'ordre pour commander un détachement, fera hors d'état de le fuivre, le commandement paffera à un des premiers Officiers qui auront marché avec lui, felon ce qui eft réglé aux articles CCXLIX & CCL.

CCLIII.

Mot de ralliement.

TOUT Officier qui commandera un détachement fortant du camp, donnera un mot de ralliement à fa troupe.

C C L I V.

QUAND au retour d'un détachement, il se trouvera à la vûe du camp & en dedans, des gardes ordinaires, l'Officier qui le commandera fera faire halte à son avant-garde, & mettra ses troupes en bataille à mesure qu'elles arriveront, faisant face en dehors du camp. *Retour.*

C C L V.

DÈS que son arrière-garde l'aura joint, il fera défiler devant lui chaque troupe pour retourner à leur camp.

C C L V I.

AVANT de faire défiler, il examinera s'il ne manquera personne, afin de faire châtier les Cavaliers qui se seront absentés.

C C L V I I.

S'IL s'en trouve quelqu'un chargé de maraude, il le fera arrêter & conduire sur le champ au Prevôt.

C C L V I I I.

APRÈS avoir fait l'arrière-garde de tous les détache-mens, il ira rendre compte au Commandant du camp, & à celui de la Cavalerie.

S'il est Mestre-de-camp, il ira rendre compte de plus au Brigadier de sa brigade.

Les autres Officiers, depuis le Lieutenant-colonel jusqu'au Cornette, rendront compte de même à leur Brigadier, s'ils ont commandé un détachement en chef, & ensuite au Commandant de leur régiment, à qui ils rendront toûjours compte, quand même ils n'auroient fait que marcher avec leurs troupes, sans avoir de commandement.

C C L I X.

LES détachemens qui rencontreront des troupes ou des Officiers généraux auxquels le salut est dû, en use-ront à cet égard de même qu'il est dit pour les gardes ordinaires. *Honneurs.*

C C L X.

CHAQUE Commandant de détachement aura soin de

faire décharger les armes des Cavaliers qui le compoſe-
ront, avant de les faire rentrer dans le camp, comme il
a été dit pour les gardes.

DES MARCHES.

CCLXI.

Boute-ſelle. LORSQU'ON ſonnera le boute-ſelle, les Majors de
brigade ſe rendront promptement auprès du Maréchal-
général-des-logis de la Cavalerie, pour recevoir les ordres
qu'il aura à leur diſtribuer.

CCLXII.

LE piquet montera à cheval, & mettra des vedettes à
la queue & ſur les flancs du camp, comme il a été dit au
titre du Piquet.

CCLXIII.

LES Officiers ſupérieurs de piquet ſe trouveront pareillement à la tête du camp, ainſi qu'un des deux Majors
de piquet, avec les nouvelles gardes & les campemens.

CCLXIV.

CES Officiers ſuivront le Maréchal-de-camp de jour
lorſqu'il ſe mettra en marche pour aller au nouveau camp.

CCLXV.

A meſure que le Maréchal-de-camp de jour poſtera
chaque garde, le Major de piquet en prendra note, &
en remettra l'état au Maréchal-de-camp, & au Maréchal-
général-des-logis de la Cavalerie, qui en donnera un état
au Commandant du camp & à celui de la Cavalerie.

CCLXVI.

LES Majors ſortant de piquet aſſembleront les détachemens qui feront commandés, ſoit pour eſcorter les équipages, ſoit pour faire l'arrière-garde, ou pour toute autre
commiſſion.

Ils raſſembleront auſſi les vieilles gardes, qui n'ayant pas
rejoint leurs corps, devront faire l'arrière-garde, ou en
compoſer une partie.

CCLXVII.

C C L X V I I.

LES Officiers des compagnies feront abattre, plier & charger diligemment les tentes.

C C L X V I I I.

LES Maréchaux-des-logis veilleront avec les Chefs de chambrée, à ce que chaque Cavalier raffemble fon équipage fans fe charger de chofes inutiles. Ils feront éteindre les feux exactement, & empêcheront que les Cavaliers ne brûlent la paille du camp, à quoi les Commandans des corps veilleront pareillement.

C C L X I X.

L'AVANT-GARDE du piquet ira prendre les timbales & les étendards comme il a été dit à l'art. LXXXVII.

C C L X X.

LORSQU'ON fonnera à cheval, les Cavaliers débou- *A cheval.* cheront pour fe mettre en bataille à la tête de leur camp.

C C L X X I.

LORSQUE le Major de brigade fera mettre en mouvement le régiment chef de brigade, ceux des autres régimens de la même brigade en feront autant; & ils marcheront enfemble en bataille, environ trente pas à la tête du camp, où ils feront halte.

C C L X X I I.

LES Brigades marcheront dans le même ordre qu'elles feront campées.

Dès que la première brigade marchera, les autres exécuteront auffi-tôt les mêmes mouvemens, pour que la ligne fe déploie en même temps; à moins que la difpofition de la marche n'exige qu'elles partent fucceffivement.

C C L X X I I I.

AUCUN Officier ne quittera fa troupe pendant la marche, fans la permiffion du Commandant du régiment.

C C L X X I V.

LES Officiers majors fe promèneront de la tête à la queue de leur régiment, pour examiner fi tout eft en règle, & ils en rendront compte au Commandant du régiment.

M

CCLXXV.

Cavaliers à leur rang.

LES Cavaliers ne pourront fortir de leur rang pour s'écarter de la colonne.

CCLXXVI.

ON obligera ceux qui auront des befoins, à avertir; & on laiffera avec eux un Brigadier, qui les obligera de rejoindre diligemment.

CCLXXVII.

IL fera défendu de laiffer boire les chevaux en marche; les Maréchaux-des-logis des compagnies auront attention de l'empêcher: & à cet effet, au paffage de chaque gué, le Commandant du régiment laiffera un Officier, qui fera relevé fucceffivement par un autre Officier de chacune des compagnies fuivantes.

CCLXXVIII.

Valets.

LES Officiers ne pourront fe faire fuivre dans les marches, que par un feul valet à cheval, avec un cheval de main; en ce cas ces valets fe tiendront dans l'intervalle des efcadrons.

CCLXXIX.

Cavaliers écartés.

SI quelques Cavaliers écartés font du defordre, on enverra un Officier avec des Cavaliers pour les arrêter.

CCLXXX.

SI un Cavalier eft rencontré hors de la marche de la colonne, fans que les Officiers de fa compagnie aient averti le Commandant du régiment, & celui-ci le Brigadier, celui de ces Officiers qui y aura manqué, fera refponfable du defordre que ce Cavalier aura fait.

CCLXXXI.

LES Officiers, de tel corps que ce foit, feront arrêter tout Cavalier qui ne fera pas à fa troupe, quand même fon régiment ne feroit pas dans la colonne; & ils le feront conduire à fon régiment lorfque l'on fera arrivé au nouveau camp.

CCLXXXII.

Main-forte au Prévôt.

LES Commandans des régimens donneront main-forte au Prévôt, s'ils en font requis, & ils concourront avec lui pour empêcher le désordre : ceux des détachemens en feront de même.

CCLXXXIII.

ILS empêcheront que personne ne tire en marche, & feront arrêter les Cavaliers qui auront tiré, lesquels feront envoyés au Prevôt. *Défense de tirer.*

CCLXXXIV.

ILS ne souffriront dans les colonnes des troupes, sous tel prétexte que ce puisse être, ni chaise, ni carrosse, ni aucune autre espèce de voitures à roue. *Voitures.*

CCLXXXV.

ILS empêcheront que personne ne crie, ni *halte,* ni *marche,* & qu'on ne fasse passer aucune parole. *Cris.*

CCLXXXVI.

SI les troupes de la queue d'une colonne ne peuvent suivre la tête, ou qu'il leur arrive quelque accident qui les oblige à s'arrêter, on fera sonner un appel qui sera répété jusqu'à la tête, de régiment en régiment : alors la tête fera halte. Lorsque la queue aura rejoint, elle fera sonner un couplet de la marche qui sera répété par un Trompette de la tête de chaque régiment; après quoi la tête de la colonne se remettra en marche : il sera cependant détaché un Officier pour avertir celui qui commandera la colonne, du sujet pour lequel on se sera arrêté. *Haltes.*

CCLXXXVII.

QUAND le Commandant du camp, ou celui de la Cavalerie, passeront le long d'une colonne de Cavalerie étant en marche ou en halte, les Cavaliers ne mettront point le sabre à la main, & les troupes qui marcheroient ne s'arrêteront pas, mais les Trompettes sonneront & les timbales battront. *Passage du Commandant.*

CCLXXXVIII.

LES régimens en arrivant au nouveau camp, se formeront en bataille à la tête du terrein qui leur sera destiné; & ils n'y entreront que lorsque le Brigadier l'ordonnera. *Arrivée au nouveau camp.*

DES CUIRASSES.

CCLXXXIX.

TOUS les Officiers, Maréchaux-des-logis, Brigadiers & Cavaliers, feront tenus de porter leurs cuiraffe & plaftron toutes les fois qu'ils feront commandés ou détachés pour quelque fervice à cheval ; & nul Officier ne pourra fe fervir de cuiraffe de tôle, ou d'aucune autre fabrique que celles qui font ordonnées.

CCXC.

SI quelque Officier commandé fe trouve au rendez-vous général des gardes, fans cuiraffe, les Officiers généraux de jour ou le Commandant de la Cavalerie, l'enverront au camp aux arrêts, & en avertiront le Commandant du camp.

DES ÉQUIPAGES.

CCXCI.

Voitures. LA fuppreffion des voitures à deux roues, à l'exception des chaifes, ayant été ordonnée, on ne fouffrira au camp que des chariots à quatre roues avec un timon, qui feront tirés au moins par quatre chevaux attelés deux à deux.

CCXCII.

LES Brigadiers, Meftre-de-camps, Lieutenant-colonels ou autres anciens Officiers qui pourroient avoir befoin d'une chaife, en demanderont la permiffion au Commandant du camp, qui la leur donnera par écrit s'il le juge à propos.

CCXCIII.

IL ne pourra y avoir plus d'un Vivandier, un Boulanger & un Boucher à la fuite de chaque régiment; & ils auront chacun un chariot feulement.

CCXCIV.

Nombre de chevaux. LES Brigadiers & Meftre-de-camps ne pourront avoir plus de feize chevaux d'équipage, y compris l'attelage d'une voiture à quatre roues.

CCXCV.

C C X C V.

LES autres Officiers ne pourront avoir un plus grand nombre de chevaux de monture ou de bât, que celui pour lequel ils reçoivent des fourrages, quand Sa Majesté leur en fait donner.

C C X C V I.

LES Majors des régimens donneront au Commandant du camp, un état exact de ce que chaque Officier aura d'équipage, & de leur espèce.

C C X C V I I.

CHAQUE Commandant de brigade choisira entre *Vaguemestres.* les Brigadiers des compagnies dont elle sera composée, celui qu'il jugera le plus capable de faire les fonctions de Vaguemestre de cette brigade.

C C X C V I I I.

IL sera choisi de même par le Mestre-de-camp, dans chaque régiment, un Brigadier pour faire les fonctions de Vaguemestre particulier du corps, lequel recevra les ordres du Vaguemestre de brigade.

C C X C I X.

LA veille de chaque jour de marche, les Vaguemestres de brigade prendront l'ordre du Maréchal-général-des-logis de la Cavalerie, sur l'heure & le lieu où les équipages devront être conduits le lendemain; & ils le rendront aux Vaguemestres des autres régimens de leur brigade.

C C C.

LES Vaguemestres des régimens disposeront les équipages de leurs régimens en file, suivant le rang des escadrons & celui des compagnies dans l'escadron.

C C C I.

LES Vaguemestres des régimens ne souffriront point qu'aucun bagage se mette en marche que le Vaguemestre de la brigade ne soit venu l'ordonner; ce que les Vaguemestres de brigade ne feront point que le Maréchal-général-des-logis de la Cavalerie n'en ait envoyé l'ordre.

C C C I I.

LES Vaguemestres feront arrêter tout charretier &

N

conducteur de bagages, qui se sera mis en marche avant
l'heure ordonnée.

C C C I I I.

Fanion.

IL y aura à chaque régiment un étendard nommé
Fanion, qui sera porté par un des Valets que le Major
choisira. La banderole du fanion sera d'un pied en carré,
& d'étoffe de laine des couleurs affectées au régiment,
dont le nom y sera écrit.

C C C I V.

*Marche
des bagages.*

LORSQUE le Vaguemestre de brigade aura reçû l'ordre
pour marcher, il fera mettre en marche le bagage de
chaque régiment, suivant le rang que le régiment tiendra
dans la brigade.

C C C V.

LE bagage du Brigadier marchera à la tête des équipages de la brigade, & devant ceux des régimens qui la
composeront.

C C C V I.

LE Vaguemestre de chaque brigade en conduira les
équipages pendant la marche, en suivant exactement les
guides qui conduiront la colonne, & sans les devancer.

C C C V I I.

IL sera arrêter tous les Valets qui voudroient passer
devant le fanion de leur régiment, à la suite duquel ils
resteront rassemblés, à l'exception de ceux qui marcheront
avec leurs maîtres dans les divisions.

C C C V I I I.

IL veillera à ce que chaque Vaguemestre particulier
fasse son devoir, & à ce que l'ordre soit ponctuellement
exécuté.

C C C I X.

CHACUN des Vaguemestres particuliers des régimens,
sera assidu pendant la marche auprès des bagages de son
régiment, & tiendra la main à les faire avancer & suivre
dans le rang où il les aura mis.

C C C X.

IL fera commandé un détachement pour efcorter chaque colonne d'équipage; & l'Officier qui la commandera
devant être inftruit de l'ordre de la marche, aura foin de
faire obferver exactement ce qui aura été ordonné, &
de faire arrêter qui que ce foit qui voudra croifer la file.

C C C X I.

ON ne donnera aucune efcorte armée à l'équipage
particulier de qui que ce puiffe être, & on n'y enverra
aucun Cavalier : en cas de contravention, le Major du
corps dont fera l'efcorte, en rendra compte au Commandant de la brigade & au Maréchal-général-des-logis de la
Cavalerie.

C C C X I I.

LES Valets fe tiendront, dans les marches, à l'équipage
de leurs maîtres, & les Vivandiers, où ils devront être fans
s'écarter à droite ni à gauche.

C C C X I I I.

LES équipages qui fe feront arrêtés pour quelque caufe
que ce foit, ne pourront reprendre la file qu'à la queue
des équipages de leur régiment ou de leur brigade; & fi
ceux de leur brigade étoient paffés avant qu'ils fuffent en
état de marcher, ils feront obligés d'attendre que tous les
équipages de la colonne foient paffés, pour en prendre
la queue.

C C C X I V.

AUCUN charretier ni conducteur de bagage, ne cou-
pera ni devancera l'équipage qui le précédera, à moins
que celui-ci ne puiffe pas fuivre la colonne.

C C C X V.

CEUX qui contreviendront à ce qui eft prefcrit ci-deffus
pour l'ordre de la marche des bagages, feront punis fuivant
la rigueur des ordonnances.

C C C X V I.

LES menus équipages marcheront dans le même ordre
que les gros, lorfqu'ils en feront féparés : en ce cas, outre

N ij

l'efcorte qui marchera avec les gros équipages, on commandera un Brigadier par brigade, pour contenir les Valets qui feront aux menus équipages.

DES FOURRAGES.

CCCXVII.

LORSQU'IL y aura un fourrage commandé, il fera configné dès la veille aux fentinelles de nuit tirés de la garde des étendards, de ne laiffer fortir du camp aucuns Cavaliers ni domeftiques fans la permiffion du Capitaine de piquet; & cette configne fera renouvelée à ceux de la nouvelle garde qui les relèveront.

CCCXVIII.

DÈS que le nouveau piquet aura été affemblé le matin à la tête du camp, il pofera à la queue & fur les flancs, des vedettes qui auront la même configne.

CCCXIX.

LES Officiers du piquet fe promèneront à cheval autour du camp, pour voir fi ces vedettes feront leur devoir, & s'il ne fortira perfonne du camp.

CCCXX.

ON commandera, dès le foir, les gardes & les petites efcortes pour le fourrage du lendemain.

CCCXXI.

LES gardes deftinées à former la chaîne, feront conduites au rendez-vous, à l'heure indiquée, par un Officier major de chaque brigade.

CCCXXII.

LES petites efcortes feront d'un Cavalier par compagnie, & commandées par un Capitaine, avec un Trompette pour raffembler les fourrageurs en cas de befoin.

CCCXXIII.

ELLES marcheront chacune avec les fourrageurs de leur régiment, jufque dans l'enceinte défignée pour le fourrage.

CCCXXIV.

C C C X X I V.

LES fourrageurs marcheront dans le même ordre que les troupes font campées.

C C C X X V.

LES Majors de brigade & de chaque régiment, doivent conduire les fourrageurs de leur brigade au rendez-vous du fourrage.

C C C X X V I.

LE Brigadier conduira auffi ceux de fa brigade, & le Meftre-de-camp & le Lieutenant-colonel ceux de leur régiment.

C C C X X V I I.

IL y aura toûjours un Officier à la tête des fourrageurs de chaque compagnie, pour les contenir ainfi que les valets des Officiers de la compagnie.

C C C X X V I I I.

LORSQUE le Brigadier ou Meftre-de-camp commandant les fourrageurs de chaque brigade, aura permis de les laif-fer débander, & qu'ils auront mis pied à terre, les petites efcortes feront raffemblées ou difperfées, felon que le Commandant du fourrage ou de la brigade l'ordonnera.

C C C X X I X.

LES petites efcortes ne fe retireront qu'après que les fourrageurs de la brigade fe feront retirés; & le Commandant de la brigade les ramènera avec ordre, à la fuite des fourrageurs de la brigade, qui feront accompagnés de leurs Officiers.

DES DISTRIBUTIONS.

C C C X X X.

LORSQU'IL y aura des diftributions à faire, les Cavaliers de chaque régiment y feront conduits en bon ordre, par un Officier major.

C C C X X X I.

CET Officier aura attention à ce que la diftribution

O

foit faite en règle, & donnera fon reçù de ce qui aura
été fourni.

C C C X X X I I.

IL fe concertera avec le Commiffaire des guerres qui
fera préfent, pour lever les difficultés qui pourroient
furvenir, & s'abftiendra de toutes voies de fait.

C C C X X X I I I.

SI le Commiffaire des guerres & l'Officier major ne
s'accordoient pas fur la manière de terminer les difficultés furvenues, l'Officier major en rendra compte au
Major de brigade, & celui-ci au Maréchal-général-des-
logis de la Cavalerie, & le Commiffaire des guerres à
l'Intendant.

C C C X X X I V.

L'OFFICIER chargé de ce détail ne fe préfentera point
à la diftribution, qu'il n'ait un état exact du nombre des
rations qu'il aura à demander pour le régiment, compagnie par compagnie.

C C C X X X V.

IL fe rendra d'abord où le Commis principal tiendra
le bureau ; & celui-ci lui donnera un Commis particulier
pour le conduire avec fa troupe au lieu où la diftribution
devra être faite.

C C C X X X V I.

IL fera fait mention fur les reçûs, des quantités qui
auront été délivrées pour chaque compagnie & pour
l'Etat-major.

C C C X X X V I I.

LE même ordre s'obfervera à toutes les diftributions,
de quelque efpèce qu'elles foient.

C C C X X X V I I I.

ON chargera, autant qu'il fe pourra, le même Officier d'affifter toûjours à la même efpèce de diftribution.

C C C X X X I X.

LES diftributions fe feront à chaque régiment, dans le
rang qui aura été prefcrit à l'ordre.

DE LA DISCIPLINE
& Police du Camp.
C C C X L.

AUCUN régiment ne prendra les armes fans la per- *Prendre les armes.* miſſion du Commandant du camp, à moins qu'il ne lui ſoit ordonné par un Officier général de jour, le Commandant ou le Maréchal-général-des-logis de la Cavalerie. Si c'eſt par l'ordre d'un Officier général de jour, le Major de brigade en avertira fur le champ le Maréchal-général-des-logis de la Cavalerie, & fon Brigadier.

C C C X L I.

TOUS les Officiers porteront les habits uniformes de *Uniforme* leur régiment. Ils ne monteront point de chevaux qui *des Officiers.* n'aient auſſi des houſſes de cet uniforme; & ne paroîtront point chez le Commandant du corps, ni aucun autre Officier ſupérieur, fans être bottés.

C C C X L I I

LES Brigadiers qui ne commanderont point de brigade, *Campemens* camperont régulièrement, ainſi que les Meſtre-de-camps *des Officiers.* & autres Officiers, chacun à leur régiment & compagnie.

C C C X L I I I.

LES Officiers majors camperont pareillement à leur régiment, à l'exception des Majors de brigade, lorſqu'il leur aura été marqué un logement dans le terrein de leur brigade.

C C C X L I V.

AUCUN Officier ne pourra s'abſenter du camp, ni *Alſence* même en découcher, quand ce ne feroit que pour un *des Officiers.* jour, fans la permiſſion par écrit du Commandant du camp; & on s'adreſſera au Commandant de la Cavalerie pour avoir cette permiſſion, après l'avoir obtenue du Commandant du corps.

C C C X L V.

A l'arrivée des troupes au camp, on fera battre des *Bans.* bans pour publier les défenſes ci-après, fous les peines

O ij

portées par les ordonnances, ou celles qui seront ordonnées par le Commandant du camp, s'il juge à propos
d'en infliger de plus sévères.

C C C X L V I.

Défenses. IL sera défendu de rien prendre dans les maisons
voisines du camp, ni dans aucun autre lieu, de cueillir
aucuns fruits, herbages ni légumes dans les jardins ni
dans les champs, de couper aucun arbre fruitier ou autre,
ni aucune haie, & d'entrer dans les vignes.

C C C X L V I I.

Chasse & pêche. IL sera pareillement défendu à tous Officiers, Cavaliers
& Valets, de chasser & de pêcher : les Commandans des
corps puniront ceux qui y contreviendront, & en rendront compte au Commandant du camp.

C C C X L V I I I.

Vivres. MESMES défenses seront faites aux Cavaliers & à tous
autres, de prendre quoique ce puisse être aux paysans &
autres personnes qui apporteront des vivres & autres denrées
au camp, soit à titre de rétribution ou autrement, ni de
leur faire aucun tort ou violence, même d'aller au-devant
d'eux, soit pour prendre ces vivres en les taxant arbitrai-
rement, ou pour les choisir avant qu'ils soient arrivés au
lieu qui sera désigné pour servir de marché, ni de donner
aucun empêchement aux moulins; le tout pour quelque
cause & sous quelque prétexte que ce puisse être.

C C C X L I X.

QUI que ce soit qui se trouvera chargé de hardes ou
ustensiles prises en maraude, sera arrêté & envoyé au
Prevôt.

C C C L.

Vivandiers. LES Majors ne souffriront point qu'aucuns autres
Vivandiers que ceux de leur régiment, s'établissent dans
le terrein qu'il occupera.

C C C L I.

Gens sans aveu. ILS ne souffriront point non plus qu'il y ait aucuns
gens sans aveu à la suite des corps.

C C C L I I.

C C C L I I.

NUL Cavalier ne pourra aller camper au quartier *Commerce.* général ni ailleurs que dans le terrein de son régiment, pour faire aucun métier ou commerce.

C C C L I I I.

ILS ne pourront auffi aller au quartier général fous prétexte d'acheter des vivres, fans une permiffion par écrit de leur Capitaine, fignée du Major du régiment; laquelle permiffion ne pourra être accordée que pour les heures qui feront réglées par le Commandant du camp.

C C C L I V.

LES Cavaliers ne pourront rien vendre dans le camp fans une permiffion par écrit du Major de leur régiment.

C C C L V.

IL fera défendu aux Cavaliers de paffer les gardes éta- *Paffer* blies autour du camp, fans un congé dans la forme pref- *les gardes.* crite par les ordonnances : ceux qui fe trouveront hors des gardes, fans même y avoir fait de defordre, feront arrêtés & punis comme deferteurs; & on les punira comme voleurs s'ils fe trouvent avoir commis du defordre.

C C C L V I.

LES Meftre-de-camps ou Commandans des corps ne pourront permettre à aucuns Cavaliers de paffer les gardes du camp, à moins que les congés qu'ils leur donneront ne foient approuvés du Commandant de la Cavalerie, qui en demandera la permiffion au Commandant du camp.

C C C L V I I.

S'IL arrivoit qu'on arrêtât aux environs du camp quelque Cavalier qui eût découché fans que fon Capitaine en eût averti, le Capitaine fera interdit & payera le defordre fait par le Cavalier arrêté; & le Commandant du régiment en fera refponfable.

C C C L V I I I.

IL fera défendu aux Cavaliers de mettre l'épée à la *Mettre l'épée* main dans le camp & aux environs. *à la main.*

P

CCCLIX.

Balles & plomb. ILS ne pourront tirer ni avoir aucune balle, plomb à giboyer, ou moule pour en couler.

CCCLX.

EN arrivant au camp, les Officiers feront en préfence des Commandans des corps, une vifite exacte des armes & équipages des Cavaliers de leur compagnie; feront décharger les armes avec un tire-bourre, ou, fi cela ne fe peut, les feront tirer devant eux en prenant toutes les précautions néceffaires pour qu'il n'en arrive pas d'accident; & ils prendront toutes les balles & autre plomb que les Cavaliers pourront avoir.

CCCLXI.

LORSQU'IL fera néceffaire de faire décharger les armes, on y procédera de la même manière en préfence d'un Officier, entre neuf & dix heures du matin.

CCCLXII.

A la féparation du camp, les Officiers rendront aux Cavaliers les balles qu'ils leur auront ôtées.

CCCLXIII.

LORSQU'ON affemblera les gardes ordinaires & autres détachemens, il fera donné trois balles à chaque Cavalier commandé pour lefdites gardes & détachemens, par le Maréchal-des-logis de leur compagnie, qui aura attention de fe faire rendre ces balles au retour des gardes & détachemens.

CCCLXIV.

Uniforme des Cavaliers. IL fera défendu à tous Cavaliers de fe traveftir, ni porter d'autres habits que les uniformes des régimens dont ils feront, même de retourner leur jufte-au-corps, fous quelque prétexte que ce puiffe être, ni de prêter leurs habits uniformes à des Cavaliers, Dragons ou Soldats d'autres régimens.

CCCLXV.

Jeux. LES Commandans des corps tiendront la main à ce qu'il ne foit établi dans le camp ni aux environs, aucun jeu de hafard, fous quelque nom qu'il puiffe être déguifé;

& feront mettre en prifon, tant ceux qui auront donné à jouer, que les Officiers qui auront joué.

C C C L X V I.

LES Officiers & Maréchaux-des-logis de piquet vifiteront de temps en temps les lieux où les Cavaliers pourroient tenir des jeux dans le voifinage du camp; & ils enverront des patrouilles pour arrêter ceux qui fe trouveront en contravention.

C C C L X V I I.

LE terme d'*alerte* fera interdit pour faire prendre les *Cris défendus.* armes; & les Officiers & Maréchaux-des-logis tiendront la main à ce que l'on fe ferve de celui d'appeler *aux armes.*

C C C L X V I I I.

LORSQUE les Majors des régimens enverront quelque *Envoi au Prevôt.* Cavalier ou Valet au Prevôt, ils marqueront fur un billet le fujet pour lequel ils y feront envoyés.

C C C L X I X.

AUCUN Officier ne pourra engager un deferteur *Deferteurs* venant du pays étranger, qu'après qu'il en aura obtenu *étrangers.* la permiffion du Commandant du camp : il ne pourra auffi acheter les armes & les chevaux des deferteurs fans la permiffion du Commandant de la Cavalerie.

C C C L X X.

LES chevaux qui feront trouvés fans maîtres ou fans *Chevaux perdus.* conducteurs, dans le camp ou aux environs, feront conduits chez le Prevôt, qui les rendra à qui ils appartiendront.

C C C L X X I.

ON reftituera de même, fans rien payer, ceux qui ayant été volés ou perdus, feront réclamés par leurs maîtres, quand même ils auroient été vendus par ceux qui les auroient volés ou trouvés; devant être défendu à qui que ce puiffe être, d'acheter des chevaux que d'une perfonne connue.

C C C L X X I I.

LES Majors des régimens rendront compte exactement *Compte à rendre.*

P ij

à leur Commandant & à leur Brigadier, de tout ce qui s'y paffera de contraire à la difcipline, & des punitions qui auront été ordonnées; & les Brigadiers en rendront compte au Commandant de la Cavalerie, qui de fon côté informera le Commandant du camp de tout ce qui méritera attention.

CCCLXXIII.

LES Commandans des corps feront refponfables des contraventions qui s'y commettront fur le fait de la difcipline, & les Capitaines le feront pareillement envers eux de celles de leur compagnie.

FAIT à Verfailles, le vingt-deux juin mil fept cent cinquante-cinq. *Signé* M. P. DE VOYER D'ARGENSON.

Imprimé en France
FROC021828200120
23227FR00024B/434/P